Magdale

SONNE · MOND UND · STERNE

- *Erstes Lesealter*
- *Große Schrift*
- *Viele farbige Bilder*
- *Bekannte Autoren*

Christine Nöstlinger
Schulgeschichten vom Franz

Bilder von Erhard Dietl

Verlag Friedrich Oetinger · Hamburg

Alle Franz-Bände auf einen Blick
Geschichten vom Franz
Neues vom Franz
Schulgeschichten vom Franz
Neue Schulgeschichten vom Franz
Feriengeschichten vom Franz
Krankengeschichten vom Franz
Liebesgeschichten vom Franz
Weihnachtsgeschichten vom Franz
Fernsehgeschichten vom Franz

sowie die Sonderausgabe
Allerhand vom Franz

© Verlag Friedrich Oetinger, Hamburg 1996
Alle Rechte vorbehalten
Erstmals erschienen 1987 mit Schwarzweißillustrationen
im Verlag Friedrich Oetinger, Hamburg
Einbandgestaltung: Manfred Limmroth
Titelbild und farbige Illustrationen: Erhard Dietl
Litho: Posdziech GmbH, Lübeck
Druck und Bindung: Mohndruck GmbH, Gütersloh
Printed in Germany 1996

ISBN 3-7891-0521-X

Wie der Franz Angstbauchweh hatte

Der Franz ist sieben Jahre alt und geht in die erste Klasse. Er ist das kleinste Kind in der Schule. Weder in der 1a noch in der 1b, noch in der 1c gibt es ein kleineres Kind als den Franz. Den Franz stört das ziemlich. Aber seit der Papa dem Franz zweimal die Woche den Kopf ratzekahl rasiert, hält ihn wenigstens niemand mehr für ein Mädchen. Früher ist das dem Franz oft passiert. Das hat ihn nicht bloß gestört, das hat ihn wütend und traurig gemacht.

Der Franz hat eine Mama und einen Papa und einen großen Bruder, den Josef. Der Franz hat eine Freundin, die Gabi.

Die Gabi wohnt in der Wohnung neben dem Franz. Sie ist auch sieben Jahre alt und geht auch in die erste Klasse. Aber leider geht sie in die 1a, und der Franz muß in die 1b gehen.
Der Franz hat immer fest damit gerechnet, später einmal, in der Schule, neben der Gabi zu sitzen. Als er mit der Mama zum Anmelden in der Schule gewesen ist, hat er der Frau Schuldirektor noch extra gesagt:
„Aber ich möchte unbedingt mit der Gabi Gruber in eine Klasse kommen."
„Wird gemacht, Franz", hat die Frau Schuldirektor gesagt und genickt. Doch am ersten Schultag dann klebte ein großes Blatt Papier am Schultor. Darauf stand, welche Kinder in welche Klasse gehörten. Bei 1a stand Gabi Gruber,

bei 1b stand Franz Fröstl.

„Da ist ein Irrtum passiert", sagte die Mama zum Franz. „Komm, wir gehen zur Frau Direktor."

Weil der Franz aber damals mit der Gabi gerade zerstritten war, erklärte er: „Nein! Ich will eh nicht mit der Gabi zusammensein!"

„Franz, das wird dir leid tun", warnte ihn

die Mama. Doch der Franz blieb stur. „Nie im Leben", sagte er und ging in die 1b hinein.

Drei Tage später vertrugen sich der Franz und die Gabi wieder gut. Und der Franz war kreuzunglücklich, weil er nicht mit der Gabi in einer Klasse war. „Mama, ändere das um", verlangte er.

Doch die Mama schüttelte den Kopf. „Jetzt ist es zu spät", sagte sie. „Das hättest du dir am ersten Schultag überlegen müssen, lieber Franz."

Den Franz stört an der Schule auch sonst noch allerhand. Das Lernen geht ihm zu langsam. Vier Wochen sitzt er jetzt schon in der Schule herum, aber schreiben kann er noch immer nicht richtig. Dauernd muß er zeilenlang große und kleine Kugeln malen und lange und kurze Striche und hohe und niedrige Wellen. Das findet der Franz langweilig. Und der Lehrer ist nicht einmal sehr zufrieden mit den Kugeln und Strichen und Wellen, die der Franz hinmalt.

„Schlampig", sagt er, wenn er das Heft

vom Franz anschaut. Und wenn er den Franz anschaut, sagt er: „Finger aus der Nase."
Der Franz hat nämlich gern den linken Zeigefinger im rechten Nasenloch.
Der Herr Lehrer gefällt dem Franz überhaupt nicht!
„Der kann ja nicht einmal richtig reden",

beschwert sich der Franz bei seinem Papa.

Der Lehrer vom Franz redet wirklich ein bißchen merkwürdig. Sehr kurz redet er.

„Hinsetzen", sagt er.

„Aufstehen", sagt er.

„Mund zu", sagt er.

„Hefte aufschlagen", sagt er.

„Bücher heraus", sagt er.
Der Franz ist nicht gewohnt, daß ihn jemand so anredet.
„Setzt euch hin, liebe Kinder", fände der Franz besser.
„Seid so lieb und steht auf", fände der Franz richtiger.
„Es wäre nett, wenn ihr still sein könntet", fände der Franz freundlicher.
„Jetzt wollen wir ein bißchen in die Hefte hineinschreiben", fände der Franz anregender.
Und „Habt ihr Lust, ein wenig zu lesen?" fände der Franz höflicher.
„Der Mann ist eben ein Zickzack-Typ", sagt der Papa vom Franz.
Dem Franz gefällt das Wort. Er sagt immer „der Zickzack", wenn er von seinem Lehrer erzählt.

Einmal war der Franz bei seiner Oma zu Besuch. Die Oma wohnt im Altersheim. Jeden Sonntag besucht der Franz sie. An diesem Sonntag schien die Sonne, und die Oma sagte zum Franz: „Gehen wir in den Park, ins kleine Kaffeehaus. Du schaust durstig drein."
Das kleine Kaffeehaus ist mitten im Park vom Altersheim. Wenn die Sonne scheint, stehen drei Tische vor dem Kaffeehaus. An jedem Tisch sind vier Stühle. Der Franz und die Oma setzten sich an einen der drei Tische. Die Oma bestellte beim Kellner eine Himbeerlimonade für den Franz und einen Kaffee für sich. (Dabei sollte die Oma keinen Kaffee trinken. Wegen ihrem Blutdruck. Der ist zu hoch.) Zwei Stück Schoko-Torte bestellte die Oma auch. (Dabei sollte sie

keine Schoko-Torte essen. Wegen ihrem Blutzucker. Der ist zu hoch.)
Der Franz trank Himbeerlimonade und aß Schoko-Torte und erzählte der Oma alle Neuigkeiten, die er wußte. Daß die Mama eine neue Haarfarbe habe, erzählte er. Daß der Papa mit dem Hausmeister gestritten hatte, erzählte er. Daß der Josef in dasselbe Mädchen „verknallt" sei wie sein Freund Otto, erzählte er. Daß die Frau Berger ganz fürchterlich bös und ungerecht mit ihm geschimpft habe, erzählte er. Und von der Schule, vom unfreundlichen Zickzack erzählte er auch. Gerade als der Franz der Oma vormachte, wie der Zickzack redete, sagte hinter dem Franz eine Männerstimme: „Gestatten, sind die zwei Plätze hier noch frei?"

„Sind sie", sagte die Oma.
Der Franz drehte sich um. Hinter ihm stand der Zickzack und neben ihm eine alte Frau. Der Franz erschrak ziemlich.
„Servus, Franz", sagte der Herr Lehrer und setzte sich.
Die alte Frau setzte sich auch.
„Sie kennen meinen Enkel?" fragte die Oma.

„Ich bin sein Lehrer", sagte der Herr Lehrer.
„Freue mich, Sie kennenzulernen, Herr Zickzack", sagte die Oma.
Wie hätte sie auch wissen sollen, daß der Lehrer in Wirklichkeit Swoboda hieß! Der Franz hatte ihr immer nur vom Zickzack erzählt.
„Fein, daß ich Sie treffe", fuhr die Oma fort. „Wissen Sie, Herr Zickzack ..."
Mehr hörte der Franz nicht mehr. Er grapschte sich den Rest Schoko-Torte vom Teller und flitzte davon. Ganz rot war er im Gesicht. Er rannte den Kiesweg hinunter und ging hinter den Fliederbüschen in Deckung. Von dort aus beobachtete er den Kaffeehaustisch. Er sah, daß die Oma unentwegt redete. Dauernd klappte ihr

Mund auf und zu und auf und zu.
Sie läßt ihn nicht zu Wort kommen,
dachte der Franz. Es erstaunte ihn nicht.
Wenn die Oma so richtig loslegte,
duldete sie keine Widerrede. Sonst störte
das den Franz nicht. Weil die Oma –
seiner Meinung nach – immer sehr
vernünftige Sachen sagte. Bloß war die
Oma nie besonders höflich. Sie hatte

schon eine Menge Leute sehr beleidigt. Der Franz hielt es nicht für schlau, den Zickzack zu beleidigen.

„Lieber Gott", murmelte er, „mach, daß die Oma keinen Quatsch redet!"
„Heiliger Jesus", murmelte er, „gib, daß die Oma nicht frech wird!"
„Jungfrau Maria", murmelte er, „laß die Oma höflich sein!"

Mehr, fand der Franz, konnte er zur günstigen Entwicklung der Angelegenheit nicht tun.

Fast eine halbe Stunde hockte der Franz hinter den Fliederbüschen. Dann erhob sich der Herr Lehrer endlich. Und die alte Frau stand auch auf. Sie gaben der Oma die Hand, dann kamen sie den Kiesweg entlang auf den Franz zu.

„Aber sie hat recht", hörte der Franz die

alte Frau sagen. „Du hast wirklich einen unerhörten Kommandoton drauf!"
Vor den Fliederbüschen blieb die alte Frau stehen. „Sogar mit mir, mein Sohn", rief sie. „Sogar mit deiner Mutter kommandierst du nur herum!"
Die alte Frau ging weiter, und der Herr Lehrer wieselte hinter ihr her. „Aber Mama", hörte ihn der Franz noch sagen.

Dann bellte ein Hund sehr laut, und dann waren der Herr Lehrer und seine Mutter hinter der Wegbiegung verschwunden.
Der Franz kroch aus den Fliederbüschen und lief zur Oma. Die Oma schaute sehr vergnügt drein.
„Was hast du ihm denn gesagt?" piepste

der Franz. Immer, wenn der Franz aufgeregt ist, wird seine Stimme piepsig.
„Die Wahrheit habe ich ihm gesagt", rief die Oma zufrieden.
„Welche Wahrheit?" piepste der Franz.
„Es gibt nur eine Wahrheit", rief die Oma.
„Und übrigens heißt er gar nicht Zickzack, er heißt Swoboda." Die Oma lachte. „Wär ja auch ein saublöder Name!"
„So erzähl mir die Wahrheit schon", piepste der Franz. Er piepste sehr ungeduldig.
„Ich hab ihm gesagt, daß er nicht so zickzack sein soll", sagte die Oma.
„Ich habe ihm erklärt, daß kleine Kinder keine Soldaten sind. Und daß ein Lehrer kein Fünf-Sterne-General ist." Die Oma schaute den Franz erwartungsvoll an.

„Das ist doch ganz in deinem Sinne, oder?"

„Schon", sagte der Franz zögernd. „Aber dem Herrn Lehrer darf man das doch nicht so einfach sagen."

„Warum nicht?" fragte die Oma.

„So halt", sagte der Franz. Besser konnte er es der Oma nicht erklären.

„Na hör einmal", rief die Oma. „Dieser Zickzack ist ein junger, unerfahrener Schnösel. Und ich bin eine alte, erfahrene Frau. Er kann mir dankbar sein, wenn ich ihm die Wahrheit sage."

„Sicher", murmelte der Franz. Er wußte, daß man mit der Oma nicht streiten durfte. Sonst regte sie sich auf. Und Aufregung war für ihren Blutdruck noch schädlicher als Kaffee.

Am Montag morgen hatte der Franz

Bauchweh. Echtes Bauchweh mit Leibschneiden und Darmbrummen.

„Ich hab mein Angstbauchweh", sagte der Franz zur Mama.

„Wegen der Oma und dem Zickzack?" fragte die Mama. Der Franz nickte.

„Soll ich mit dir in die Schule gehen und mit dem Zickzack reden?" fragte die Mama. Der Franz schüttelte den Kopf.

Erstens würde die Mama zu spät ins Büro kommen, wenn sie mit ihm zur Schule ging. Und zweitens war die Mama auch immer für die „Wahrheit". Der Franz fürchtete, die Mama könnte – in aller Unschuld – die Sache noch schlimmer machen.

„Du bist mein tapferer Sohn", sagte der Papa und schlug dem Franz so fest auf die Schulter, daß der Franz fast zu Boden ging.

„Und wenn er dir blöd kommt", riet der Josef, „dann mach ihn drauf aufmerksam, daß du nichts für deine alte, verkalkte Großmutter kannst!"

„Die Oma ist nicht verkalkt", rief der Franz empört und rieb sich die Schulter. „Sowieso nicht!" Der Josef grinste. „Aber der Zickzack weiß das ja nicht!"

„Ihr habt alle leicht reden", murmelte der Franz, packte sich die Schultasche auf den Rücken und verließ die Wohnung. Sein Pausenbrot hatte er auf dem Küchentisch liegenlassen. Wer Angstbauchweh hat, mag sein Pausenbrot nicht einmal anfassen!
Die Gabi wartete bei der Treppe auf den Franz.

„Schiß?" fragte sie.
„Großen Schiß!" antwortete der Franz.
Ziemlich stumm gingen die Gabi und der Franz zur Schule. Aber sie hielten einander an der Hand. Ein bißchen Trost war das für den Franz schon. Vor der Klassentür der 1b sagte die Gabi leise:
„Toi-toi-toi."
Der Franz nickte und ging in seine

Klasse hinein. Er setzte sich an sein Pult und räumte sein Schulzeug aus. Verstohlen linste er zum Lehrertisch hin, zum Zickzack. Der Zickzack las Zeitung. Bis zum Acht-Uhr-Läuten las er in der Zeitung, dann legte er die Zeitung weg, und alle Kinder standen auf und standen stramm. Der Zickzack nickte den Kindern zu. Er schaute den Franz an und sagte: „Setzt euch wieder hin, liebe Kinder."
Die Kinder setzten sich hin.
„Er hat ‚liebe Kinder' gesagt", flüsterte der Ferdi der Irene zu.
„Wieso ist er heute so freundlich?" flüsterte die Irene dem Gustl zu.
„Vielleicht hat er im Lotto gewonnen!" flüsterte der Gustl dem Konrad zu.
Und der Zickzack rief: „Es wäre nett, wenn ihr ein bißchen stiller sein könntet!"

Und als die Kinder still waren, fragte er: „Habt ihr Lust, ein wenig zu lesen, oder wollt ihr lieber ein bißchen in eure Hefte schreiben?"
Die Kinder wollten lieber lesen und schlugen die Fibeln auf. Nur der Franz schlug seine Fibel nicht auf.
Er saß mauloffen da und starrte den Zickzack an.

„Franz, grüß deine liebe Großmutter von mir", sagte der Zickzack zum Franz.
Da stand der Franz auf und sagte: „Grüßen Sie Ihre liebe Frau Mutter von mir!"
Und dann kicherte der Franz erleichtert los, und der Zickzack kicherte auch ein bißchen.
In der Pause wollten die Kinder vom Franz wissen, was die Kicherei und die Grüßerei zu bedeuten gehabt habe. Aber der Franz verriet nichts.

Wie der Franz seinen Feind verlor

Der Franz hat einen Feind in der Klasse. Den Eberhard Most. Der Franz hat dem Eberhard Most nie etwas getan, doch der Eberhard Most hat dem Franz vom ersten Schultag an das Leben schwergemacht. Der Eberhard Most ist sehr groß und sehr dick. Und anscheinend ist er sehr stolz darauf. Und meint, dünne, kleine Kinder verspotten zu dürfen. „Was willst du denn in der Schule? Du gehörst doch in den Kindergarten!" hat er zum Franz am ersten Schultag gesagt. „Lauf mir ja nicht über den Weg. So Winzigkeiten wie dich überseh ich leicht und tret sie platt!" hat er am zweiten

Schultag zum Franz gesagt.
Am dritten Schultag hat er den Franz hochgehoben und in der Luft zappeln lassen.
Am vierten Schultag hat er dem Franz das Pausenbrot weggenommen.

Aber nicht, weil er es essen wollte. Nur weil er den Franz ärgern wollte! Er hat dem Franz das Pausenbrot vor die Nase gehalten und gerufen: „Na, hol dir's, du Liliputaner!"
Und wenn der Franz nach seinem Pausenbrot gegriffen hat, hat der Eberhard das Brot schnell wieder weggezogen. Und hat wieder gesagt: „Na, hol dir's, du Liliputaner!"
Und als dann dem Franz die Sache zu blöd war und er gesagt hat: „Behalt mein Brot. Ein fetter Kerl braucht viel Futter", da hat der Eberhard das doppelte Brot aufgeklappt, den Wurstbelag weggefressen und die zwei gebutterten Brotscheiben dem Franz ins Gesicht geklatscht. Die eine Scheibe auf die linke Wange, die andere Scheibe auf

die rechte Wange.
Jeden Tag fällt dem Eberhard eine Gemeinheit ein, die er dem Franz antun kann.

„Sag es doch dem Zickzack", rät die Gabi dem Franz. Aber das ist kein guter Rat, denn der Franz mag keine Tratschliese sein.

„Hau ihm doch eine runter", rät der Papa dem Franz. Aber das ist kein guter Rat, denn der Kleinste in der Klasse kann den Größten in der Klasse nicht k. o. schlagen.

„Behandel den Kerl einfach wie Luft", rät die Mama dem Franz. Aber das ist kein guter Rat, denn wenn der Franz den Eberhard wie Luft behandelt, behandelt der Eberhard den Franz noch lange nicht wie Luft. Der Eberhard will seinen Spaß mit dem Franz haben. Und den macht er sich. Ganz gleich, was der Franz tut.

„Sag ihm: Laß mich in Ruh, oder mein großer Bruder wird dich so verhauen,

daß du eine Woche lang im Bett bleiben mußt", rät der Josef dem Franz. Da der Josef um einen Kopf größer ist als der Eberhard und auch ziemlich stark, hält der Franz den Rat vom Josef für vernünftig. Aber wirklich gebrauchen kann er ihn auch nicht. Denn immer dann, wenn der Franz den Josef als Hilfe gegen den Eberhard brauchen würde, ist der Josef nicht da.

Am Morgen, auf dem Weg zur Schule, ist der Josef nicht da, weil er mit der Straßenbahn in die Schule fährt. In den Pausen ist der Josef natürlich auch nicht da. Und nach der Schule, auf dem Heimweg, kann der Josef dem Franz auch nicht beistehen, weil er noch in der Schule sitzt. Große Schüler haben länger Schule als Erstkläßler. Und der Josef kann ja nicht extra zum Verhauen den Eberhard Most am Nachmittag daheim besuchen!
Darum mag der Franz dem Eberhard erst gar nicht mit dem großen, starken Bruder drohen. Ein großer, starker Bruder, der dann doch nie kommt, würde den Eberhard nicht schrecken.
Aber der Franz hat ja noch die Lilli!
Die Lilli ist eine Studentin und hütet den

Franz am Nachmittag. Bis die Mama vom Franz von der Arbeit heimkommt, bleibt sie beim Franz.

Die Lilli hält es nicht aus, daß der Franz wegen diesem Eberhard Most tagtäglich Kummer hat und manchmal sogar heulend nach Hause kommt.

„Der miese Bock kann doch nicht ungestraft Terror machen", sagt die Lilli. „Da müssen wir uns was einfallen lassen, Kurzer."
Die Lilli sagt immer „Kurzer" zum Franz. Aber sie meint es nicht böse.
„Gegen den Eberhard läßt sich nichts machen", sagt der Franz.
„Das wär ja noch schöner", ruft die Lilli. „Ich schwör dir, Kurzer, mir fällt schon was ein."
„Aber bitte bald", sagt der Franz. „Lang steh ich das nämlich nicht mehr durch."
Einmal, als der Franz aus der Schule kam, stand die Lilli vor dem Schultor. Der Franz war erstaunt. „Wieso kommst du mich abholen?" fragte der Franz.
„Weil ich den Eberhard Most kennenlernen will", sagte die Lilli.

Die Gabi war neben dem Franz aus der Schule gekommen. Sie zeigte zum Schultor hin und rief: „Da kommt er gerade. Der mit der grünen Hose und der Erdäpfelnase."
„Na, dann wollen wir mal", sagte die Lilli und ging auf den Eberhard zu.

Der Franz und die Gabi gingen nicht mit ihr.

„Haut sie ihm jetzt eine runter?" fragte die Gabi.

„Wahrscheinlich", antwortete der Franz und wußte nicht recht, ob er sich darüber freuen sollte.

Aber die Lilli redete ganz freundlich mit

dem Eberhard. Sie sagte zu ihm: „Ich bin die Lilli. Der Franz hat mir erzählt, daß du unheimlich groß und unheimlich stark bist. Ich mag unheimlich große und unheimlich starke Buben. Willst du nicht heute nachmittag zu uns kommen? Wir haben eine ganze Kiste Cola und ein ganzes Blech mit Zwetschgenkuchen. Und wenn ich dir bei der Hausübung helfen

kann, tue ich es gern. Ich bin wahnsinnig gut im Kugelnmalen und MIMI-Schreiben."

Der Eberhard glotzte die Lilli an, aber er sagte kein einziges Wort.

„Wir wohnen in der Hasengasse Nummer 1", sagte die Lilli noch, dann ging sie zum Franz und zur Gabi zurück. Sie nahm den Franz an der rechten Hand und die Gabi an der linken Hand und marschierte mit ihnen heim.

„Nie im Leben", sagte der Franz, „kommt der Eberhard zu mir!"

„Aber vielleicht kommt der Eberhard zu mir", sagte die Lilli.

„Da wette ich aber mit dir, daß er nicht kommt", sagte der Franz.

„Lieber nicht", warnte ihn die Gabi. „Wetten kann man verlieren. Und wenn du verlierst, bist du unausstehlich!"

Der Franz hätte die Wette glatt verloren.
Punkt drei stand der Eberhard vor der
Wohnungstür und klingelte Sturm.
„Na, Kurzer", sagte die Lilli. „Das raffst
du wohl nicht, was?" Sie grinste den
Franz an. „Merk dir: Meinem Charme
kann kein Mann widerstehen. Nicht
einmal ein Eberhard Most."
„Aber ohne mich", rief der Franz.

Er hatte keine Lust, mit seinem Feind Zwetschgenkuchen zu essen. Er lief in sein Zimmer und knallte die Tür hinter sich zu.
Die Lilli ging zur Wohnungstür und rief dabei ganz laut: „Hoffentlich ist das auch wirklich mein lieber Eberhard."

„Bin ich", sagte der Eberhard, als die Lilli die Tür aufmachte.
Die Lilli führte den Eberhard in die Küche und bat ihn, am Küchentisch Platz zu nehmen. Sie stellte einen Teller mit zehn Zwetschgenkuchenstücken auf den Tisch und zwei Flaschen Cola und ein Bierglas. Sie setzte sich neben den Eberhard und sagte: „Ich freu mich ja so, daß du gekommen bist. Ehrlich wahr!"
Der Eberhard nahm ein Stück Kuchen, biß ab, kaute und schaute dabei die Lilli hingerissen an.
Der Franz wollte zwar mit seinem Feind keinen Zwetschgenkuchen essen, aber wissen, was die Lilli mit dem Kerl redete, wollte er doch. So schlich er aus seinem Zimmer zur Küchentür hin und lauschte. Zuerst hörte er gar nichts. Nur ein

schmatzendes Geräusch.
Der Franz dachte: Und wie ein Schwein frißt er auch!
Doch nach einer Weile dann hörte er die Lilli sagen: „Du bist wahrscheinlich ein wenig erstaunt, liebster Eberhard, daß ich dich eingeladen habe."
„Mhm", sagte der Eberhard.
„Das ist nämlich so", fuhr die Lilli fort. „Ich hatte einmal einen süßen, kleinen Bruder, der war das Liebste, was ich im Leben hatte."
Der Franz dachte: Was redet sie denn da bloß? Sie hat eine große, saure Schwester und sonst nichts! Der Franz kannte schließlich die Lilli-Familie sehr gut. Und wie redet sie denn bloß? dachte der Franz. So redet sie sonst nie. Sie redet ja lauter Zuckersirup!

„Und meinen lieben, süßen, kleinen Bruder hat vor einem Jahr der Tod hinweggerafft ..."
Jetzt schlägt's aber dreizehn, dachte der Franz. Die lügt doch wie gedruckt!
„Und du, lieber Eberhard, schaust ihm

ähnlich wie ein Ei dem anderen."
Mir reicht's jetzt, dachte der Franz. Den Plunder höre ich mir nicht länger an. Da kriegt man ja Ohrenstechen davon! Der Franz ging aus der Wohnung und klingelte an der Nachbartür, bei der Gabi. „Na?" fragte die Gabi neugierig, als sie ihm die Tür aufmachte. Der Franz berichtete der Gabi, was er gehört hatte. „Gibt's ja nicht", rief die Gabi. „Kannst ja rübergehen und selbst hören", sagte der Franz. „Ich hab die Wohnungstür offengelassen."
„Mach ich", sagte die Gabi und flitzte auf den Gang hinaus und in die Wohnung vom Franz. Der Franz ging in die Küche, zur Mama von der Gabi. Die Mama von der Gabi räumte Geschirr aus der Spülmaschine. Der Franz lehnte

sich an den Eisschrank.

„Na", sagte die Mama von der Gabi. „Dir sitzt heute auch nicht gerade der Schalk im Nacken."

Der Franz sagte: „In unserer Küche hockt mein Feind und ißt unseren Zwetschgenkuchen."

„Allerhand", sagte die Mutter von der Gabi. „Dann wird's am besten sein, du ißt unseren Zwetschgenkuchen."

Sie holte einen Teller mit Zwetschgenkuchenstücken aus dem Schrank. Der Franz nahm sich ein Stück und noch ein Stück und noch ein Stück. Und dann noch ein Stück. Der Franz fand, er hatte da einen ziemlich guten Tausch gemacht.

Auf dem Zwetschgenkuchen von der Gabi-Mama waren mindestens doppelt soviel Zwetschgen wie auf dem, den der Eberhard gerade mampfte. Und Zwetschgen sind schließlich das Wichtigste am Zwetschgenkuchen!

Als der Franz beim fünften Kuchenstück war, kam die Gabi zurück. „Du packst es nicht", rief sie. „Jetzt haben die beiden Brüderschaft getrunken. Seelenbrüderschaft!"

Die Mama von der Gabi schüttelte den

Kopf. „Find ich gemein", sagte sie, „daß sich die Lilli mit dem Feind vom Franz verbrüdert."

„Ich auch", sagte die Gabi.

Der Franz sagte nichts. Er konnte das alles einfach nicht begreifen.

Dann halfen der Franz und die Gabi der Gabi-Mama beim Nähkorbaufräumen. Und dann halfen sie ihr beim Vorzimmeraufräumen. Sonst halfen der Franz und die Gabi der Gabi-Mama nie. Aber der Franz war vor lauter Aufregung und Verwirrung so nervös, daß er keine

Lust zum Spielen hatte.

"Wann geht er denn endlich heim?" fragte der Franz an die hundertmal. Endlich quietschte nebenan die Wohnungstür. Die Wohnungstür vom Franz quietschte immer, wenn sie aufging. Der Papa vom Franz hätte die Türangeln längst ölen sollen!

"Pscht", flüsterte der Franz.

Die Gabi-Mama und die Gabi hielten den Atem an.

"Auf Wiedersehen, lieber Bruder", hörten sie die Lilli sagen.

"Auf Wiedersehen, liebe Schwester", hörten sie den Eberhard sagen. Und dann hörten sie Getrampel, die Treppe hinunter. Der Franz ließ den Putzlappen, mit dem er gerade den Spiegel poliert hatte, fallen und rannte nach nebenan.

„Lilli", brüllte der Franz, „Lilli, was soll das? Wieso verschwesterst du dich mit meinem Feind?"
„Abwarten, Kurzer", sagte die Lilli und lächelte geheimnisvoll. Mehr wollte sie nicht sagen.
Der Franz gab sich damit nicht zufrieden. Bis zum Abend, bis die Mama von der Arbeit kam und die Lilli nach Hause ging,

löcherte er sie. Er fragte: „Lilli, warum hast du einen Bruder erlogen?"
Er fragte: „Lilli, warum hast du gelogen, daß der Bruder, den es gar nicht gibt, wie ein Zwillingsei vom Eberhard war?"
„Ist doch logo, Kurzer", sagte die Lilli. „Damit er mein Seelenbruder wird."
„Und warum soll er dein Seelenbruder werden?" fragte der Franz.
Doch die Lilli sagte bloß wieder nur „Abwarten!" und ging nach Hause.
Am nächsten Tag in der Schule, in der großen Pause, rief der Eberhard Most: „Alles herhören! Ab jetzt steht der Franz unter meinem Schutz! Wer ihm ein Haar krümmt, kriegt's mit mir zu tun!"
Die Kinder schauten kugelrund. Sie hatten dem Franz ja noch nie etwas getan!

„Meine Schwester ist nämlich Kindermädchen beim Franz", sagte der Eberhard. „Und am Vormittag vertrete ich sie!"

Seither hat der Eberhard dem Franz nie mehr etwas getan. Der Franz ist glücklich darüber. Doch jedes Glück hat auch ein paar bittere Tropfen. Zweimal die Woche kommt jetzt der Eberhard seine „Seelenschwester" Lilli besuchen. Kein Fuzerl Kuchen ist mehr im Haus, wenn der Eberhard weggeht.

Aber bei der Gabi-Mama schmeckt dem Franz der Kuchen sowieso besser!

SONNE·MOND·UND·STERNE
Die farbige Oetinger Kinderbuch-Reihe

KIRSTEN BOIE
King-Kong, das Geheimschwein
King-Kong, das Reiseschwein
King-Kong, das Schulschwein
Ein Hund spricht doch nicht mit jedem
Vielleicht ist Lena in Lennart verliebt

ERHARD DIETL
Die Olchis ziehen um

RUDOLF HERFURTNER
Liebe Grüße, Dein Coco

ASTRID LINDGREN
Als der Bäckhultbauer in die Stadt fuhr

PAUL MAAR
Der Buchstaben-Fresser

CHRISTINE NÖSTLINGER
Fernsehgeschichten vom Franz
Schulgeschichten vom Franz
Neue Schulgeschichten vom Franz

BETTINA OBRECHT
Hier wohnt Gustav
Jonas läßt sich scheiden

CHRISTA ZEUCH
Die kleine Hexe Xixibix
Lollipopps Geheimversteck

SONNE·MOND·UND·STERNE
Die farbige Oetinger Kinderbuch-Reihe

CHRISTINE NÖSTLINGER
Neue Schulgeschichten vom Franz

Wie ein Mädchen schaut der Franz zum Glück schon lange nicht mehr aus. Aber seine Stimme, die ist immer noch ganz hoch und piepsig. Und als er dem Lehrer Zickzack eines Tages erklären will, daß sein Rechenaufgabenheft ins Wasser gefallen ist und die Entschuldigung vom Papa dazu, kann der Franz vor Aufregung nicht mal mehr piepsen. Da hat die Gabi eine Idee ...
Seitdem ist der Franz der erste, der den Zickzack zum Lachen gebracht hat. Und darauf ist der Franz sehr stolz.

SONNE·MOND·UND·STERNE
Die farbige Oetinger Kinderbuch-Reihe

CHRISTINE NÖSTLINGER
Fernsehgeschichten vom Franz

Fernsehmäßig ist der Franz echt zu bedauern: drei mickrige Programme, und die auch nur so sparsam wie möglich. Bloß weil seine Mama und sein Papa Fernsehmuffel sind. Kabelanschluß oder Satellitenschüssel? Kommt ihnen nicht ins Haus. Zugegeben, dafür spielen sie mit dem Franz Malefiz und Fang-den-Hut, aber wenn die anderen in der Schule sich über Fernseh-Serien unterhalten, möchte man natürlich ganz gern mitreden können ...